梅兰芳艺术人生文丛

刘祯／主编

梅蘭芳

◎梅玮 编著

在美国

知识产权出版社

全国百佳图书出版单位
——北京——

文化艺术创作扶持专项资金 2020 年度扶持项目

「梅兰芳艺术人生文丛」的整理出版为北京市西城区

序

"他在深厚传统和广泛吸收多家所长的基础上创造了极其精美的艺术。他不愧为现代世界上伟大的表演艺术家之一。他的艺术是近千年来中国戏曲艺术历史上的高峰之一。他是一代宗师，对一代艺术家发生了积极的、深刻的影响。梅兰芳是把中国戏曲舞台艺术介绍到国外，并获得盛誉的第一个戏曲表演艺术家。"（朱穆之《永不停步的革新精神——纪念艺术大师梅兰芳诞辰九十周年》）这个"他"，就是20世纪中国最伟大的表演艺术家之一——梅兰芳。

轻拂时间的尘封，走入历史的情境中，回看梅兰芳的一生，依然那么清晰，又那么熟悉。在20世纪初新与旧、古老与现代、东方与西方的文化碰撞和争持中，梅兰芳的出现，顺应时代要求和审美追求。他通过持之以恒的努力、追索，将京剧艺术推向了一个新的高度，也使得"梅兰芳"这一名字与京剧、与时代紧紧地联系在一起。而从中国艺术、中国文化的传承脉络来看，其实梅兰芳及其京剧艺术早已融汇到今天的舞台艺术和文化基因里。

演员是梅兰芳的职业，他以自己的努力和奉献，把京剧的旦行艺术推向了新的高度；同时，作为那个时代引领风气之先的人物，他的行为思想又与时代社会紧密联系，为人们所关注，成为时尚标志。而在那个动荡、变幻莫测的时期，梅兰芳洁身自爱，不随波逐流，注重自我品德修养，追求进步，为人中和而讲原则，是非分明；他身上的家国情怀，如傲雪红梅，如瞿霜松柏，坚贞不屈，坚定不移。台上，他扮演了数以百计不同身份、不同性格的女性人物，个个美丽动人，熠熠生辉，善恶分明；台下，他是铮铮男儿，有血有肉，与人为善，助人为乐，热心公益，具有高度的文化自觉。他有开阔的视野和世界眼光，访日、访美、访苏演出，使中国戏曲得以走上世界戏剧舞台，形成与世界其他戏剧体系平等交流、对话的格局，进一步构筑和阐释了中国戏曲的体系特征，展示了中国传统文化的魅力，提升了中国文化和中国人在世界中的地位。

梅兰芳是20世纪伟大的京剧表演艺术家，是传承者，是革新者，也是一位绘画大家，是那个时代的时尚代表，是那个时代的文化表征，是那个时代的文化使者，是一位伟大的爱国者，是为人们所爱戴的人民艺术家。本文丛试图让人们了解和看到的就是这样一位血肉饱满、生动鲜活、爱憎分明、初心不改而多姿多彩的梅兰芳！

梅香美名扬——梅兰芳在美国

目　录

1 / 导　言

5 / 一、"含苞"——梅兰芳访美之行的
机缘与准备

67 / 二、"吐蕊"——梅兰芳在美国

151 / 三、"挥芬"——梅兰芳访美的影响

梅兰芳与旧金山市长小卢尔夫

导　言

　　1930年1月，梅兰芳登上了美利坚合众国的土地，展开了为期近半年的赴美京剧展演暨文化艺术交流活动。这是中国的国粹——京剧首次有组织有规模地、全面系统地在西方的主流视野中亮相。在美期间，梅兰芳先后访问了西雅图、纽约、芝加哥、华盛顿、旧金山、洛杉矶、檀香山等城市，演出七十二天，在当时正处于经济大萧条时代的美国，创下了场场客满的演出佳绩。不仅如此，美国各地政界、演艺界、学界以及侨界人士都与梅兰芳进行了亲切的交流和会晤。在旧金山，小卢尔夫市长在机场亲自迎接梅兰芳一行，并陪同梅兰芳乘车接受旧金山市民的夹道欢迎；在纽约，查理·卓别林、玛丽·碧克馥、范朋克等美国著名电影演员都与梅兰芳进行了亲切的会面与交流；美国波莫纳学院和南加利福尼亚大学授予梅兰芳荣誉文学博士学位……梅兰芳在美国这近半年的时间里，无论是演出还是交流均获得了极大的成功。梅兰芳之所以取得获得这份成功和荣誉，除了因他自身优秀的京剧表演艺术造诣之外，更离不开他身后那些为此次美国之行付出心血的贡献者们。　近一个世纪后的今天，让我们揭开这段历史的面纱，　去探究这次伟大的成功及其背后的点点滴滴。

梅兰芳在日本演出《贵妃醉酒》，
饰杨玉环

一、"含苞"——梅兰芳访美之行的机缘与准备

1919年，二十五岁的梅兰芳刚刚成功完成他在日本的公演，这次演出不仅是中国京剧全面系统地在国际舞台上的首次亮相，更为梅兰芳成为具有国际声誉和影响的超级明星打响了头一炮。

演出成功后，日本的观众和媒体都表达了他们对梅兰芳及其艺术的高度赞扬与欣赏。从历史、地缘政

治以及文化的角度来看，20世纪初梅兰芳在日本的首次亮相，是梅兰芳艺术首次获得国际上的认可并取得成功，给日本戏剧界带来了深远的影响。梅兰芳完全达到了他向世界介绍和宣传中国戏曲的目的，而且毫无疑问获得了成功。

这次访日，也使得梅兰芳的京剧艺术得到了全世界的关注，当时许多驻日本的西方媒体，对于梅兰芳的访日演出也给予了足够的重视，并且毫无保留地将这一次访日之行报道给了西方世界。

当时的中国京剧，并没有获得欧美人士的认可。因为在西方人眼中，戏剧都应该是在宽敞豁亮的大剧场中演出，观众身着体面高档的服装，

梅兰芳抵日时受到日本演员欢迎

正襟危坐，欣赏舞台上演员的表演。而许多西方人进入中国的戏园子，一下子就被里面嘈杂的环境、污浊的空气、落后的设施、台上刺耳的锣鼓声、演员咿咿呀呀如同猫叫般的声音所"震撼"，恨不得马上就逃出来躲个清静。

梅兰芳出身于梨园世家，作为一位具有深厚的京剧传统功底，同时又具有很强的与时俱进的革新精神的年轻演员，看到当时京剧的状况，他感到非常遗憾和着急，所以他一直为中国京剧的继承与发展、弘扬与传播做着努力。俗话说"一个好汉三个帮"，梅兰芳身边也有许多帮助他的贤明之士，而在这些帮扶他的人当中，最为重要的，可谓是"齐君如山者也"。

北京无量大人胡同寓所缀玉轩,梅兰芳经常在此与友人研究
艺术革新(左起:梅兰芳、齐如山、罗瘿公)

　　齐如山可以说是梅兰芳身边最为杰出的合作者与智囊之一。他曾留学欧洲，了解和学习了大量的西方戏剧知识，回到国内，他潜心于中国戏曲的研究与改良。此次梅兰芳出访日本，齐如山也起到了重要的作用。回国之后，梅兰芳的内心发生了新的变化，在齐如山的鼓动下，他对将中国传统京剧推广到世界有了更为长远的打算和更加充足的信心。《日本广告人》杂志的记者和特约撰稿员弗兰克·亨吉斯在一次采访中提到，这位震撼了日本的梅兰芳，早就有赴欧洲及美国学习西方戏剧的愿望。

　　早在1915年，梅兰芳在齐如山的帮助下，创编了他的第一出古装新戏《嫦娥奔月》，这出戏前半场采用的还是传统的布置，而后半场则采用了极为先进的

梅兰芳创编的第一出
古装戏《嫦娥奔月》

现代装饰，使得舞台焕然一新，干净华美。同时，齐如山帮助梅兰芳设计了古装服饰，并且参考中国古代舞蹈，创制了剧中的舞蹈，再加上梅兰芳自身身姿优美，把种种舞式展现得婀娜多姿，演出之后，获得了大众和舆论的极致赞美。而这出戏，也成为梅兰芳让欧美人喜爱上京剧的一出好戏。

　　不久之后，留美同学会在外交大楼宴请当时驻中国的美国公使保罗·芮恩施（Paul Reinsch），同时还邀请梅兰芳在现场表演了《嫦娥奔月》的后半出。当时芮恩施和其他留美人员看完之后赞不绝口，芮恩施公使还特地到梅兰芳位于无量大人胡同的府邸拜访，这可以说是西方人开始观摩中国京剧后的头一遭。

《天女散花》，梅兰芳饰天女

梅兰芳《麻姑献寿》剧照

自此之后，梅兰芳又先后创编了《天女散花》《霸王别姬》《麻姑献寿》等古装新戏，载歌载舞，极受中外人士的欢迎和喜爱。每逢梅兰芳演出，许多欧美人士争相观赏，这里面不乏法国总督安南、瑞典皇子古斯塔夫二世、印度文豪泰戈尔等。梅兰芳的京剧声名远播海外，许多国外使团来到中国，都把"观梅剧"列入行程之内。从此，"梅兰芳"三个字，在欧美人心中的印象也越来越深了。

1919年，芮恩施公使即将完成在中国的公使工作返回美国。在徐世昌总统与芮恩施的饯别会上，公使在台上发表临行演说时说道："若欲中美国民感情益佳亲善，最好是请梅兰芳往美国去一次，并且表演他的艺术，让美国人看看，必得良好的结果。"此话

1922年梅兰芳和杨小楼合作编演《霸王别姬》。此剧梅兰芳
一生曾演出过数百次，先后有七名演员饰项羽

一出，在座的诸位先生大多表现得异常惊讶，以为他在开玩笑。芮恩施公使又补充道："这话并非无稽之谈，我深信用毫无国际思想的艺术来沟通两国的友谊，是最容易的；并且有实例为证：从前美意两国人民有不十分融洽的地方，后来意大利有一位大艺术家到美国演剧，竟博得全美人士的共情，因此两国国民的感情亲善了许多。所以我感觉到以艺术来融会感情是最好的一个方法。何况中美两国国民的感情本来就好，再用艺术来常常沟通，便更加亲善无疑。"

此话一出，虽然让大家有所认同，但是却没有人来提倡和实现，齐如山得闻此事，颇以为然，他后来回忆道："我深信中国剧可博得美国人的欢迎，并且可在世界上占一席之位，梅兰芳的艺术也可得到欧美人士相当的赞许。既然有这两点可以相信，那么他若到美国去表演，当然能够成功，既能成功，对梅君、对中国剧、对两国国民的感情，三者必都有极大益处。"

　　梅兰芳在得闻此事后，也怦然心动，因为他刚从日本成功归来，所以也有很大的兴趣。至此，访美一事提上了日程。再加上梅兰芳在世界上的名声渐起，美国访华人士差不多都要看看梅兰芳的戏，拜访一下梅兰芳，因此梅兰芳和齐如山也逐渐了解了

梅兰芳（左六）在北京寓所接待英国驻华公使，冯耿光等陪同

梅兰芳携子葆琪在寓所练习《麻姑献寿》中的"盘舞"

美国方面的情形和美国人的心理。更重要的是，他们着重听取美国人在看完戏之后所提出的意见，当他们了解到这些外国人对梅兰芳的表演和表情、姿态都极为赞赏之后，更加增添了访美的信心。

虽然齐如山极力想促成梅兰芳的美国之行，但是梅兰芳刚开始却不像齐如山那样主动和积极，他在听到齐如山告诉他促成访美的意向后，曾因谦逊，怕自己本领不够而退缩。但是齐如山在他的身边不断地鼓励和游说，并且告诉他出访美国的重要性。在梅兰芳纪念馆所藏齐如山在梅兰芳访美前的一封书信中，齐如山曾这样表示："欧战以后，美国之美术（艺术）虽仍远不及英法，然欧人唯美马首是瞻，倘美国唱红，欧洲无阻矣。"再加上去美国演出也会增进中美之间的亲善，所以梅兰芳在后来也有了极大的兴趣。

　　齐如山最初的设想是，筹集一笔钱款以供梅兰芳出国演出、游历考察之用。"一则可以宣传中国戏剧，沟通中外文化；二则若挣钱回来，除还账之

齐如山致冯幼伟、赵叔雍、吴震修的信（部分）

外，所有的余力，完全充作提倡戏剧之用，如办一戏剧学校，开一戏曲图书馆，建一合于科学的新式剧场。"有了这样的想法之后，他便开始多方奔走，四处筹款。齐如山曾经找到当时的燕京大学校长司徒雷登，向他借款十万美元，司徒雷登表示为沟通中美两

齐如山致冯幼伟、赵叔雍、吴震修的信（部分）

国的文化，愿意促成此事。之后，司徒雷登与校方同人商酌，自己向学校代借五万美元，同人们承担五万美元，惜后因种种缘故未能成功。梅兰芳因此忧心忡忡，齐如山鼓励道："您只管在戏剧上用功！不要因此扰乱心思。全凭您的艺术作为出国的基础，若能基础稳固，别的事都不成问题。您且平心静气地去演戏，把这事让我去跑！我想只要多下功夫，总有门路可寻的！"齐如山的执着、坚定给梅兰芳以极大的信心，也使梅兰芳能够集中一切精力，专心于赴美演出的各项准备。1929年春天，齐如山求助于当时的教育界官员李石曾，希望他能玉成此事。李石曾认为："这有两种说法，若是梅君以营业的性质出去，为赚几个钱，那就无须帮忙，也无从帮起；若是以沟通文化的公益的性质出去，则不但帮忙，并且应该尽力地帮忙。"于是，他出面邀请了周作民、钱新之、冯幼伟、王绍贤、吴震修等一些银行界人士和司徒雷登等人作为董事，以创办戏剧学校的名义进行资金的筹措，并且计划由李石曾、周作民、王绍贤、傅泾波、齐如山几位在北平筹款五万美元，由钱新之、冯幼伟、吴震修诸人在上海筹款五万美元。当北平方面的五万美元款项顺利筹得时，美国方面传来坏消息，由于金融危机，物价上涨，十万美元的经费不足敷用赴美之行。紧急之中，上海方面在冯幼伟的鼎力支持下，银行界共筹得十五万美元的款项，最终促成此事。

款项的确定，为梅兰芳访美在经济上铺平了道路。齐如山先生当然也会意识到出国演出的风险，但是，他通过周密的策划、精心的准备，将这次访美之行的风险降到了最低，最终也促成了这一壮举的成功。

实际上，齐如山本人也担心这次访美会导致破产，所以，他便继续尽心地做着周密准备。为保证这次演出不会亏损，他在与冯幼伟等人的信中提到，赴美之后先在哈布钦斯的剧场演出，如果效果好便去美国各大城市大剧场演出，"如不能利，则演于各大学……或演于数'大王'之工厂，请各工人观剧"。如果仍然不得获得好的效果，"即演电影，可博得巨款，且已与电影工会接洽"。在电影方面，齐如山提出可在美国用有声电影拍摄整出京剧，将来在中国卖拷贝，也可获利。由此可见，齐如山对于梅兰芳赴美演出的收益一事也颇为上心，做好了应对一切可能性的准备。

对于梅兰芳访问美国的事前宣传工作，梅兰芳的访美团队做了细心和全面的准备工作。每次招待外宾时，梅兰芳总要把关于戏剧的书籍图画陈列出来，请外宾观看，并给他们详细地解释，让他们产生兴趣，甚至在吃饭喝茶时，都要和他们细说在戏台上吃饭饮茶的姿势，以此引申到舞台上的一切动作和背后的缘由。外宾们每次都会充满好奇，产生很大的兴趣，并且留下深刻的印象。这样一来，在他们回国后，便会作为谈资告诉他们的亲戚朋友，这种自然的宣传，要比刻意鼓吹的效果好得多。当时，他们还聘请了两位在中国的美国新闻界人士，要求他们在向美国各报馆的通信中附上几张梅兰芳演出的照片。这种方式也取得了很好的效果，之后美国的通讯员也常常来函，希望可以多寄一些相关的材料，他们愿意热心地代为宣

梅兰芳在美国各地访问时，在当地火车站台上受到华侨欢迎

传。渐渐地，美国那边希望得到梅兰芳照片的信函越来越多。据调查，当时美国刊登过梅兰芳消息的杂志有几十种。而且更让人欣喜的是，越来越多的美国人以个人的名义来信要梅兰芳的照片，可见美国社会中关注梅兰芳的人也逐渐增多，这也是宣传产生了良好效果的明证。

赴美演出的场地接洽是非常要紧的一项工作，梅兰芳的访美团队首先拜访了美国使馆的商务参赞安诺尔先生，同他商议办法。安诺尔先生非常热心，先后介绍了几位经理人，但是经过几轮商议，都没有谈成。之后他们又亲自拜访了接替芮恩施

《汾河湾》，梅兰芳饰柳迎春

的美国公使马克莫先生。公使非常热心，帮助他们和美国那边发了几封信，但是仍然没有下文。一天，马克莫公使在回美国前特地约梅兰芳共用晚餐，在席间和梅兰芳对赴美演出一事进行了细致讨论。在用餐最后，他答应回美国后一定亲身极力推动此事。在马克莫公使回美国后，梅兰芳和他的团队都满怀着希望，感觉一定能有一个很好的结果。可谁知过了几个月，公使来了封信，信中表明在纽约进行了两个多月的斡旋，竟没有一家剧院同意。难道这么大个美国，连个剧院都找不到？然而，这背后是有原因的。因为梅兰芳此次访美演戏的宗旨，有几条不能迁就的规定，比如剧场必须以礼相聘，以极高的礼遇对待梅兰芳一行；剧场要高级，而且不能太大，因为怕不易满座；最关键的一点，剧场的主人不可抱有完全营业的性

质。前面几条还好说，最后一条的确是不容易让人接
受的。因此，团队一下子心都凉了半截。

天无绝人之路。在马克莫公使离开中国后，司徒
雷登校长也要回美国，司徒雷登校长对梅兰芳访美一
事非常关心，团队和司徒雷登校长谈了一下困难，他
回美国后又与马克莫公使沟通，结果还是碰了一鼻子
灰，没有好办法。一天，司徒雷登校长与美国纽约著
名的戏剧家哈布钦斯先生同席，谈及此事，司徒雷登
校长把整个事情的原委，以及梅兰芳艺术的精深、品
格的高尚、志向的远大都说了一遍。哈布钦斯先生听
完后非常钦佩，当时就说："我这里有一座剧场，梅
兰芳到美国可以到我这个剧场里出演，只要能够沟通
两国之间的文化，我就心满意足了，至于钱，我是不

在乎的！"司徒雷登校长听后喜出望外，赶紧给梅兰芳发了电报。梅兰芳和他的团队自然也是欣喜异常。于是便由司徒雷登校长介绍，团队又和哈布钦斯先生来往了几十次电报敲定此事，接着先派傅泾波先生前去美国当面接洽，剧团随后再去美国。

遗憾的是，梅剧团到达美国后，由于一些原因，并没能在哈布钦斯先生的剧院里演出。但是，梅兰芳之所以能去美国，离不开哈布钦斯先生的邀约，所以哈布钦斯先生可以说是梅兰芳访美成功的引路人之一。

为了确保梅兰芳这次访美演出不会出现让美国人看不懂甚至嘲笑的情况，访美团队在前期宣传、中期筹备各个方面都作了全面的准备。他们花费了七年的时间，编纂制作了大量宣传品。

首先，齐如山带领团队先编写了一部《中国剧之组织》，里面详尽地介绍了京剧的唱白、动作、衣服、盔帽、胡须、脸谱、砌末、音乐八个方面的知识。整部书共六七万字，用了四五个月的时间才完成。为了让外国人更加顺利地通读了解，齐如山又找自己的女儿敬修帮忙绘制书中关于戏曲的插画，共计十六幅，虽然不多，但是基本上涵盖了戏曲中的各个方面。接着，团队又筹备编写一部梅兰芳的传记，因为前一部书完全是在宣传中国戏曲，既然梅兰芳是主角，关于他的事迹也应该进行宣传。所以齐如山约请黄秋岳具体商议这本书的编纂体例。当时他们设定全书分为七章，包含了梅兰芳的家世、京剧旦角的来源和地位、梅兰芳的创作及在中国戏曲中的地位、梅兰芳在国际上的交往和影响等内容。全书四万余字，又加上了许多照片和书画。刚要去印刷，有人提出书的内容太过啰唆冗长，于是他们又删改了许多累赘的文字，之后再去印刷厂准备印刷，可谁知印刷费超过了原有预算的好几倍，而当时访美的经费又非常窘迫，因此团队最终决定，将《中国剧之组织》和《梅兰芳传》合印成一册，书名就叫《梅兰芳》。此书的翻译印刷由赵叔雍办理，由上海商务印书馆出版，印刷费前前后后也花了七千元以上。

当时西方人对于中国的戏曲，最不容易接受的就是唱腔，因为西方人习惯了西洋的歌唱方式，对于中国戏曲中的歌唱最不容易接受，甚至于称其为"鬼叫"。但是这次梅兰芳访美,唱的就是中国戏曲,腔调自然不能变更,因此团队商议,把预备演出的几场戏编成五线谱,让外国人先看谱,可以在一些西方乐器上先试着弹奏听听,等到逐渐熟悉和习惯后,就自然容易入耳了。于是,团队首先聘请了梅兰芳先生的琴师徐兰沅和笛师马宝明,把各戏的唱腔先编成工尺谱,接着,团队又请来了当时中国最为著名的民乐音乐家刘天华先生,请他将工尺谱翻译成五线谱,并且请徐兰沅和马宝明用胡琴和笛子演奏,仔细修正谱子中的误差,在修改妥当之后,再让刘天华用胡琴按照五线谱进行演奏,让徐、马二人听,有不对的地方再进一步修改。之后请梅兰芳再把戏唱几遍,刘天华再根据唱腔进行细致修改,最后再由刘天华用胡琴演奏给梅兰芳听,有错的地方再进一步修改,就这样不停地往复修正，用了七八个月的时间，才最终定稿。最后，请汪颐年女士进行画谱，杨筱莲、曹安和、周宜三位女士进行校对，一部《梅兰芳歌曲谱》才算大功告成。全书共分两册，一册为传统京剧工尺谱，另一

梅兰芳在访美时特印制的《梅兰芳歌曲谱》书影（音乐大师刘天华首次用五线谱为梅兰芳演出唱词谱曲）

册为西方五线谱，这也是中国历史上首部用西方五线谱记谱的中国京剧曲谱集。这本书的完成，也花费了八千元以上的资金。

对于访美演出所演剧目的说明，团队也是煞费苦心。因为如果在国内演出，只需要将剧情大意写明即可，但是如果给外国人看，就会让人摸不到头脑，甚至完全看不懂。所以，访美团队在写剧目说明时，先将这出戏的大概历史情形写出，然后具体说明所演片段是整出戏的哪一段，在整个故事当中是个什么位置，再将这出戏每场的情节说明清楚，一段唱词、一段念白是什么意思，角色的动作身段是什么含义。当把这些都详细说明之后，再把梅兰芳的唱工、做工，哪一段最为精彩动人，哪一场有什么地方需要注意都详尽地写出，这样一来，看戏的人才会更加省力且更加容易了解和领会。当时梅兰芳为访美准备了十几出戏，团队都按照这样的标准做了详细的说明，总共编写了三四万字，翻译成英文，印成一个小册子。别看是个小册子，制作也花费了两三千元。

梅兰芳的访美团队还特地编写了一百余篇临时送往各报馆进行宣传的文字，同时为梅兰芳编写了几十篇讲话稿，用于接待新闻记者。这些书籍和文字对梅兰芳的访美成功起到了重要的推动作用。但是，不可否认的是，能够见到并且阅读这些书籍和文字的人，毕竟还是少数。而最能给大众以直观感受的，还是图画和照片。基于这样的初衷，梅兰芳的访美团队开始在中国戏曲的图画上下起了功夫，但这也是一件非常麻烦和烦琐的工作。因为在那个时代，研究中国戏曲的书籍领域几乎是一片空白，画图也没有什么标准和根据。所以，团队只好采用由简入繁的方法，把需要展现的内容划分为不同的部分，然后一步一步地找材料。在整理的过程中，团队选出了对于戏曲必不可少的几部分，分成十五类，共计二百卷一千九百多幅图画，这些图画全面展示了有关中国戏曲的剧场、行头、古装、冠巾、髯口胡须、扮相脸谱、砌末兵器、乐器宫谱以及身段舞谱等内容。尤其是身段舞谱，是整个图谱中最具特色的一部分。梅兰芳在编演《嫦娥奔月》之后，他所编演的几出古装戏都按照词句加入了身段和舞蹈。梅兰芳的这些舞式，都是根据词句的意思，依着古人诗词歌赋中的形容词所设定的。所以团队现在要把这些舞式画出来，并且加上名字。但对于画师来讲，画这些舞式却很有困难，因为他们不了解这些舞式到底是什么样。所以，在绘画之初，齐如山先把一出戏的唱词写出来，梅兰芳根据这个唱词按照戏中的原样表演出来，齐如山在看了他的舞姿后注明应该画哪一点，并且标上舞式的名称，之后接着继续让梅兰芳表演舞蹈，他再注明。在注完之后，梅兰芳又把每个舞式拍成照片，把照片交给画工去画，画工画好稿子拿回来让团队审查，有时候要改几十次才算妥当，然后再正式画到纸上。在画好这所有十五类的图案之后，还要将中文名词和翻译好的英文名词都一一标注好；在每一类开头，加入中文和英文说明书。

这些图画现在收藏在中国艺术研究院，2006年，由文化艺术出版社出版的《梅兰芳访美京剧图谱》将这些尘封了近一个世纪的图画重现在世人眼前，梅兰芳纪念馆专门在馆内南院将访美图谱的部分图画还原成一比一的比例进行展览。直至今日，这些图谱对于京剧乃至中国传统戏曲艺术的直观介绍仍然是前无古人后无来者，而这，也可谓是梅兰芳访美为传播弘扬京剧和中国传统文化所作出的巨大贡献之一。

在访美演出剧目的安排上，梅兰芳和访美团队也费尽了心机。由于是给从来没有接触过中国传统文化和戏曲的外国人演戏，所以剧本的选择非常重要，既要展现中国戏曲的特点，又要让外国人易于接受和了解。因此，梅兰芳和他的团队一直很注意听取观众的意见。在访美前的七八年间，他们就很诚恳地向那些来到中国的外国人，以及熟悉国外情形的留学生们请

《梅兰芳访
京剧图谱》
之行头

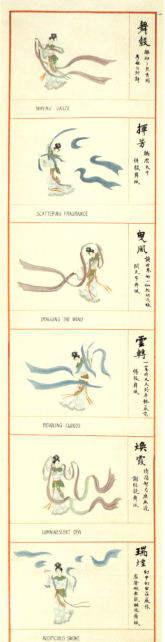

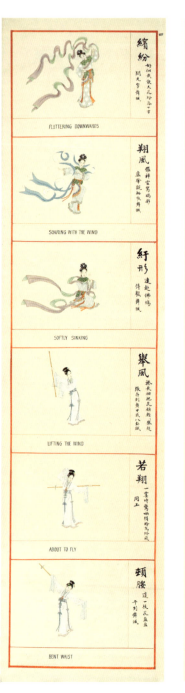

《梅兰芳访美
京剧图谱》之
舞谱（一）

《梅兰芳访美
京剧图谱》之
舞谱（二）

教，问他们哪些剧目适合在国外演出。因为许多长久居住在中国的外国人已经熟悉了中国的文化和习惯，所以团队把重点放在了初次来中国的外国访客身上，他们把这些外国人爱看的戏列成一个单子，并且根据观众的喜爱程度投票，最终经过五六年的统计，确定了一些受到外国人青睐的剧目，这里面既包含了梅兰芳所主演的《霸王别姬》《贵妃醉酒》《洛神》《黛玉葬花》《晴雯撕扇》《佳期拷红》《打渔杀家》《木兰从军》《游园惊梦》《汾河湾》《天女散花》等梅派剧目，还包括了《群英会》《空城计》《捉放曹》等其他剧目。在确定这些剧目后，为了能够更加符合西方人的欣赏习惯，齐如山又对这些剧目进行了重新整理。因为当时西方人的观剧习惯和中国人有很大的不同，首先就是在时间长度上，中国的戏园子一

《贵妃醉酒》剧照，梅兰芳饰杨玉环

场演下来能长达三四个小时甚至更久，从晚上七点开戏能一直持续到夜里一两点钟，而西方演出一般很少超过两个小时。所以当时团队就商议安排在美国的演出每天晚上不超过两个小时，共安排三出戏，头场和末场由梅兰芳演出，中间穿插一场其他剧目，这样一方面可以让观众换换口味，另一方面也可让梅兰芳有时间喘息，不至于太累。在此基础上，团队把剧目的时间又做了调整。最终确定演出剧目如下。

第一剧目：《汾河湾》、《青石山》、"剑舞"、《刺虎》；

第二剧目：《贵妃醉酒》、《芦花荡》、"羽舞"、《打渔杀家》；

《晴雯撕扇》，梅兰芳饰晴雯

第三剧目：《汾河湾》、《青石山》、《霸王别姬》、"杯盘舞"。

之后到旧金山演出时，因为旧金山的华侨多，他们要求看《天女散花》《霸王别姬》等新剧，所以，剧目又做了部分调整。

第一剧目：《春香闹学》、《青石山》、"杯盘舞"、《刺虎》；

第二剧目：《汾河湾》、《青石山》、"神舞"、《霸王别姬》；

第三剧目：《贵妃醉酒》、《芦花荡》、"羽舞"、《打渔杀家》；

第四剧目：《春香闹学》、《青石山》、"拂舞"、《天女散花》。

剧目确定下来后，团队就进入紧张的排练当中。虽然这些剧目演员们都非常熟悉，但是由于经过了改编，与原来的剧本有所区别，所以需要重新排演。此次赴美演出，为了让外国观众更加全面地体会中国京剧的精彩，团队要求不仅主角要在表情身段上多加注意，连配角也要体会剧情，努力表演，不能松懈。所有演出人员在演出时要注意整体配合，特别是要加强主演与配演的舞台交流，乐队与演员的配合，像词句、唱腔、过门、锣鼓、曲牌、身段都要严丝合缝；

废除了戏曲演出中原有的一些舞台"陋习",如台上饮场、台上吐痰、跪拜扔垫子、检场人在台上过多停留等,起到了净化、简化舞台的作用。这些为出访而准备的二十多出戏,大家精益求精地排练,足足耗时半年之久。

为了让此次访美之行博得西方人的尊重,团队非常重视赴美人员的行为举止。团队在出国前半年开始,就经常举行小讲座,讲述外国的情况,例如火车轮船上的规矩,待人接物的注意事项,甚至包括吃饭穿衣等琐碎的事情,都要注意。光是进餐礼仪,就练习了几十次。团队经常是排完了戏,就去餐厅排练"吃饭",怎样拿刀叉,怎样拿面包,各种菜怎么吃,汤怎么喝,而且还要练习餐桌礼仪,互相帮助。

与此同时，团队还请傅泾波来教授英文和礼仪。这样的排练，也持续了近半年的时间。

最后，在京剧服装、乐器、舞台设计、剧场的布置等方面，访美团队做了精心筹划和准备，不仅梅兰芳的行头都是全新制作，就连其他角色穿戴的服装也是量身定做的，材料上全部使用了中国的绣花绸缎，花式也都是最具中国传统艺术特色的。平时的穿戴服装也均大方得体，每个人都是精神焕发。在乐器上，重新定制的堂鼓、小鼓、唢呐和胡琴均采用了仿古的形式，所有制作材料以象牙、牛角、黄杨、紫檀等构成，还专门请人特别制作了大小忽雷、琵琶、阮等古典乐器，不仅演奏时十分悦耳动听，而且外观非常精美典雅。乐器的盒子用楠木做成中国式的囊盒，配上红色锦缎里子；行头、盔头的箱子，用榆木板片和牛皮包裹，朱红描金，光彩夺目。在舞台样式上，也是仿照故宫戏台的规模，舞台两边装饰龙头挂穗，富丽堂皇。由于美国剧场的舞台普遍宽大，所以台上的桌椅是特制的，可以根据不同的需要任意放大或者缩小。乐队位于隔扇之后，后台光线很暗，乐师对台上演员的一切举动都看得十分清楚，而台下观众却看不到乐队。剧场门口悬挂着一百多个红色灯笼、几十幅图画、各种旗帜，一切都采取中国样式，还为乐队人员、剧场服务人员定做了中式的服装，意在给前来观剧的美国人以鲜明的"中国"印象。

经过近七年的准备，梅兰芳访美的筹备工作基本上完成，而时间，也已经来到了1929年的10月。直至

《打渔杀家》，梅兰芳饰萧桂英

此时，梅兰芳的访美一事仍然没有正式对外公布，作为赴美前的临别纪念，梅兰芳在开明剧院加演四场日戏，分别为《穆柯寨》《春香闹学》《天女散花》和反串戏《辕门射戟》，之后，梅兰芳就暂停了所有演出，集中精力做赴美前的最后准备。

1929年11月，梅剧团正式对外公布了赴美消息。消息一经传出，立即得到了社会各界人士的热烈响应。一时间，梅兰芳和他的团队对铺天盖地的欢送会应接不暇。李石曾约请商学界在北京齐化门大街世界社举行公宴，对梅兰芳访美一行表示勉励和支持；美国大学同学会在天津举办欢送会，天津市市长崔廷献和同学会会员颜俊等人在会上发表了演说，赞扬梅兰芳访美的目的，并且号召全国人民都应该对这一举

梅剧团访美离北平时在前门火车站合影（左二为梅兰芳）

动提供帮助；各国的领事和商贾都参加了宴会，在会上，梅兰芳作了如下的致谢：

今日承贵会盛大之约，兰芳不胜荣幸！又承诸君属为演说，兰芳向来不能以文字或长篇语言发表意见，何况演说？但辞不获已，只有就此次赴美宗旨及对于戏剧上之一知半解暨筹备情形简单报告，以求指教。

兰芳赴美之意发动在十年之前，当时因芮恩施博士有此动议，兰芳亦甚欲一观新大陆气象。但十年以来，虽数处订聘，皆未能妥洽。至今次赴美，则为自动的游历，以考察西洋戏剧为主旨，于相当时间略演兰芳所能之剧一二段，以征求美洲人士对于兰芳个人艺术批评而已。一般社会有谓兰芳此行可代表中国

梅兰芳访美离沪前，各界人士举行欢送会的请帖

戏剧者，此说实为错误。兰芳断不敢承，因中国剧之组织非常繁复神妙，纯为一种美术，譬如兰芳在舞台上所扮之旦角，虽为中国历来相传之习惯，但绝不是为中国社会普通妇女之女性描写，亦非兰芳个人改扮

之女性描写，实为中国戏剧上一种描写女性之美术，其中深微之处，一时不能悉述。兰芳所学亦只为一部分，何敢云代表？假令以代表中国戏剧前往，则一切宜如在国内所演者，此次同行可演剧者不过六七人，则可证明兰芳系完全以个人自动调查考察为目的而前往也。

兰芳虽考察为目的，但对于中国剧之美术及其成为艺术之理由，则思以种种方法表彰，故此次各项筹备颇为用心，如关于中国剧之行头、布景、化装、音乐以及剧场之沿革，均有统系的记载、精细的图案与说明，更以兰芳所能歌唱之昆、乱词曲制成五线谱，俾便美洲人士之观览。盖兰芳以为中国戏剧乃为东亚历史上人类之实迹蜕化而来之特种美术也。

今日时间匆促，不及尽言，谨此简单说明，敬求诸君加以教正，并谢盛意。

在各种欢送会开完之后，梅兰芳率领剧团于1930年1月离开北京，抵达上海。此次访美阵容人员非常精简，主要人员名单如下。

演员：梅兰芳、王少亭（老生）、刘连荣（花脸）、朱桂芳（武旦）、姚玉芙、李斐叔（二旦兼秘书）。

乐队：徐兰沅（胡琴）、孙惠亭（月琴）、何增福（司鼓）、马宝明（笛师）、霍文元（三弦）、马宝柱（笙）、唐锡光（小锣）、罗文田（大锣）。

其他人员：韩佩亭（化妆）、雷俊、李德顺（衣箱）、齐如山（顾问）、张禹九（翻译）、龚作霖（场务）、黄子美（会计）。

由于人员少，所以团队里很多人都是身兼数职，琴师徐兰沅要在《打渔杀家》里串演师爷，姚玉芙有时还要扮演《打渔杀家》中的"混江龙"李俊，化妆师韩佩亭和雷俊有时还要跟着跑跑龙套。而出现这种情况的主要原因就是节省经费，而这一精干的小团体，却在梅兰芳的带领下，在美国这一片陌生的土地上，创出了一片新天地。

在上海登船前，举办了大规模的欢送会，当地的社会名流都亲自来到码头送行。在众人的欢呼声中，

梅兰芳赴美时随行人员名单

A.S.N. 196 V   Mr MEI LAN FANG and C° Empress of CANADA.

梅兰芳从上海赴美国时在轮船"加拿大皇后号"上所摄，
梅兰芳（右九）、齐如山（右六）等共十八人

梅兰芳乘坐的英国"加拿大皇后号"邮轮缓缓驶离了江岸，驶向遥远的大洋彼岸。

《洛神》，梅兰芳饰洛神

二、"吐蕊"——梅兰芳在美国

梅兰芳一行人经过十四天的航行，抵达加拿大的维多利亚港，稍作停留后，他们又乘坐了五个多小时的小船，进入美国境内，抵达西雅图。接着，他们乘坐大北铁路公司的火车，经过三天三夜抵达芝加哥，再换乘中央铁路公司的火车，又经过二十七个小时，终于抵达纽约这座"世界第一大城市"。

在旅途中，梅兰芳一行每个人的内心中都是忐忑不安的，因为他们谁也没有十全的把握保证这次演出能够成功。他们不但要面对完全陌生的文化环境，完全陌生的欣赏氛围，完全陌生的观众审美趣味，更主要的也是更令他们不安的，就是成本是否能够收回，赚钱是他们想都不敢想的事情，别赔个血本无归就已经是万事大吉了。在出发之前，梅兰芳的另一位挚友，时任中国银行总行长的冯耿光就多次在与梅兰芳的通信中提出，这次访美之行如果赔本，那么之前的基业也将毁于一旦。何况当时的美国，正处在最危急的时刻。

从1929年10月24日美国证券交易市场

梅兰芳赴美时所乘轮船由沪离开码头

爆发的"黑色星期四"开始，席卷整个资本主义世界的经济大危机很快就从美国蔓延到加拿大、日本以及西欧国家。在这场空前的经济灾难中，美国经济迅速下滑，生产大大缩减，导致无数企业破产，无数人失业。试想，当一个人连饭都吃不饱的时候，怎么还有精力和心情去欣赏艺术，何况还是来自中国的之前没有接触过的艺术？所以在这样的大环境下，虽然近十年的筹备工作做得比较周全和细致，但是梅兰芳心里还是没底，在梅兰芳后来的回忆中，他也特地提到这次访美是一次冒险。可以说，这也是梅兰芳一生中第一次没有把握的演出，所以此行对于他来说也是如履薄冰。

梅兰芳一行到达纽约后，负责接待的是由已故美国总统威尔逊的夫人领衔组成的"赞助委员会"。当

梅兰芳从上海赴美国时在"加拿大皇后号"邮轮上

梅兰芳在美国与同行人员：（左起）张彭春、齐如山、黄子美、
梅兰芳、杨素

时美国很多政要都向中国驻美公使伍朝枢打探梅兰芳
的消息，伍朝枢便邀请梅兰芳先到华盛顿演出一场。
这场演出并非是营业性质的演出，而是具有展演的性
质。于是，还未在纽约立稳脚跟，1930年2月14日，梅
兰芳一行便来到了华盛顿，参加了伍朝枢大使为梅剧
团安排的演出招待会。当天晚上，到场的有美国政府
的全体官员、各国大使、社会名流、各地官绅共五百
多人，美国社会上层人士能去的几乎都出席了。但可
惜的是，当时的美国总统胡佛因为公务在身未能返回
华盛顿，没有赶上观看梅兰芳的表演。后来胡佛总统
听闻观者一直在赞扬梅兰芳，评价京剧有多么好看，
觉得非常遗憾，就特别叮嘱伍朝枢大使，希望梅兰芳
能够在华盛顿多待几天，等他回来再演几场，让他
能够有机会亲自欣赏，并表示敬意。梅兰芳得知这个

消息，亲自给胡佛总统写了封信，因为纽约的演出定在2月17日，戏票均已售出，如果临时更改，不但会违背合同，也必然会遭到观众的反对，所以他特别遗憾地表示这一次无法满足总统的要求，对总统的邀约表示了歉意。梅兰芳的这一举动不但没有让胡佛总统着恼，反而更增加了美国人对梅兰芳的尊重。因为梅兰芳的做法正好符合了当时美国人最为推崇的契约精神，同时也让当时对中国人颇有微词的许多美国政客对梅兰芳更加尊重。试想，如果当时梅兰芳为了给总统演出，而推迟了本来定好的纽约演出的安排，不但会让美国的民众看不起，估计胡佛总统对于梅兰芳一行的打分也会降低几分。

从华盛顿回到纽约后，梅兰芳、齐如山、姚玉芙等五人入住美国一家最为著名，也是开办时间最久的酒店——普拉沙酒店，其他演员入住索美思旅馆。根据演出合同，梅兰芳首演将在纽约百老汇第四十九街大剧院举行。而此时的纽约，仍然用一种怀疑的眼光注视着梅兰芳。著名的美籍华人学者唐德刚先生在他的《梅兰芳传稿》中这样写道：

在这纸醉金迷的纽约，这一考验真是世界瞩目，除却巫山不是云，纽约人所见者多，一般居民的眼光，都吊得比天还高。好多美国亲华人士，在兰芳上演前，都替他捏把汗。在演出前两天，那一向自认为是一言九鼎的《纽约时报》，对兰芳的报道便吞吞吐吐。时报的两位局评家厄根生和麦梭士对兰芳在远东的成就曾加推崇，至于将来在纽约的前途，他人都不

梅兰芳在美国演出的剧院

敢预测。时报并以半瞧不起的口吻告诉纽约市民说，你们要看东方的戏剧，就不要怕烦躁，看燥了，朋友，你就出去吸几口新鲜空气……云云，又说梅氏扮成个女人，但是全身只有脸和两只手露在外面。这显然是说看了纵横在海滩上几万只大腿过瘾的纽约人，能对这位姓梅的有胃口么？哼……看这味儿，梅氏还未出台，这纽约的第一大报，似乎就已在喝倒彩。

其实我们不能把当时《纽约时报》的评论当做是狭隘的批评。对于大部分美国人来说，他们对于中国戏曲的认识还是来源于19世纪中叶第一批从中国移民美国的华人在唐人街演出的、以两广及潮汕地区的剧种为代表的中国戏曲。当时美国的戏剧评论家亨利·泰瑞尔在描述纽约唐人街的中国戏曲时，提到中国戏曲中运用了类似哑剧演员的许多象征性的身段和动作，这些象征性的手段的运用，使中国戏曲舞台脱离了现实的布景，伴奏乐队也一直留在舞台之上，而且男扮女装。中国移民所带去的中国戏曲（粤剧）并不能代表当时中国传统戏曲的主流，这些被带到美国的广东戏曲表演不能代表19世纪中期到20世纪初中国传统戏曲发展的精华。不仅如此，在接下来的年代里，美国的中国戏曲表演逐渐美国化，虽然唐人街里的中国戏曲还保留了一些中国戏曲的传统，但是这些中国戏曲越来越趋向于迎合美国主流对于娱乐和流行文化的口味。梅兰芳的这次访美，相信大部分的纽约人仍然会把其与那些唐人街里不好看也看不懂的旧中国戏联系在一起，认为无非就是一群土气的中国人在台上咿咿呀呀地上演那些完全看不懂的故事。何况当

梅兰芳在美国纽约演出时的街头海报

时的美国，可以说是世界戏剧新兴的中心，很多国家的大小剧团都愿意来美国演出，并将此视为一种荣誉。在梅兰芳访美同期，有一支来自日本的演出队伍，他们打出的广告是："我们这是极合于美国人眼光的日本戏"，这个广告就注定了他们失败的命运，美国人想要看的是具有异国情调的纯粹的日本戏，如果要看合于美国人眼光的戏，那还不如就看美国戏。因此，正如唐德刚文中所提，纽约人的眼光已经"吊得比天还高"，看不上梅兰芳一行也就是很自然的事了。

面对这样的舆论压力，梅兰芳并没有退缩和气馁。毕竟从艺已经近二十载，什么大风大浪都已经历过，这么多年的艺术磨砺和舞台实践，让他还是充满自信而且从容地在美国舞台上亮了相。

1930年2月16日，梅兰芳第一次登上了纽约四十九街剧场的舞台，这次登台是一次试演，下面的观众也都是一些业内的相关人员。在熟悉了舞台后，2月17日，梅兰芳正式开始了他在纽约的公开演出。

当晚开演之前，张彭春首先用英文做总说明，说明中国戏曲的组织、特点、风格以及一切动作身段所代表的意义。整场演出由梅剧团到美国后特别邀请的华侨杨秀女士主持，演出每个剧目之前都由她用英文对剧情进行讲解。考虑到美国观众的时间观念很强，梅剧团每场演出的每出戏，包括音乐、开场的介绍说明、剧情介绍等都严格地限定了时间。例如当晚演出的第一场戏《汾河湾》就严格控制在27分钟，之后《青石山》9分钟，《红线盗盒》中的"剑舞"5分

梅兰芳在美国演出时的舞台布景

钟，最后一场《刺虎》31分钟，整场演出加起来正好两个小时。

梅兰芳在纽约首次亮相的第一出戏是《汾河湾》，为了让美国观众能够更好地理解剧情，剧团把这出戏的名称改为了《一只鞋的故事》，当时在杨秀讲解完剧情后，台下的观众还发出了阵阵的笑声。这出戏本来是《隋唐演义》中的一段故事，但是由于外国人对《隋唐演义》并不了解，所以，剧团将重点放在了薛仁贵回家后发现妻子床下有一只男人的鞋子从而产生疑心的这个噱头上，让美国观众很自然地融入剧情当中。

当戏院里的灯光逐渐暗淡下来，一阵悦耳

梅兰芳在美国演出《天女散花》舞台照

动听的开场曲牌之后，舞台的大幕缓缓上升，里面露出光彩夺目的丝绸，上面精细地绣着中国的花卉，顿时让台下的外国观众眼前一亮。接着，在小锣清脆的

敲击声中，从帘布中闪现出一位面容清秀、身段婀娜的东方女子，她的穿着具有浓厚的东方特征，在舞台的灯光下，那些首饰时常反射出耀眼的光芒。只

见这位女子在台上轻移莲步,在乐队的帮衬下时常亮一个相,时常伸出那双纤纤玉手摆出优美的动作。台下之前还在交头接耳的观众,此时目光全都聚焦到了台上这位只露着脸和两只手的东方女子身上。虽然,他们听不懂台上的女子在唱些什么,说些什么,但是他们仍然被那悦耳动听的声调所打动,之前在他们心目中那如同"鬼叫"的声音在这位东方女子的演唱下竟然成为天籁之音。随着剧情的推进,台下的观众竟然进入到情境当中,甚至专注得忘记了拍手,忘记了说话。直到这位东方女子隐入布帘之中,大幕忽然落下,观众们才如同大梦初醒,疯狂地鼓起掌叫起好来,剧场内一下子人声鼎沸,与刚才的鸦雀无声形成了鲜明的对比。自此之后,每一段戏,观众们都调动起十二分的精神,目不转睛地观看着,当演到最后一出《刺虎》，梅兰芳身着华丽的宫装，带着熠熠生辉的凤冠登上舞台时，台下的观众仿佛被勾了魂一般，后来有人在描述这场演出时，形容当时台下的男性观众都瞪直了眼睛，仿佛要将台上的这位美人望眼欲穿，而很多女观众在看到台上这位美人时，不时地垂下额头，仿佛在那里自惭形秽。当贞娥举起匕首，即将刺杀虎将军之时，台下的观众都屏住了呼吸，紧张到了极限……

曲终之后，舞台上灯光大亮，其时已经是11点钟的深夜，但是台下没有一个人离开座位去"呼吸口新鲜空气"，相反他们"赖"在剧场里不肯离去，拼了命地鼓掌，想再次目睹这位东方美人的尊容。梅兰芳每出戏演完后，都要谢幕多次。尤其是《刺虎》演

梅香美名扬——梅兰芳在美国

梅兰芳与刘连荣在美国演出《刺虎》中"贞娥刺虎"一场舞台照

完之后，他竟然谢幕达十五次之多。当时他穿着贞娥的服装，来到台前，行着中国传统的万福礼向台下致谢。卸妆之后，当梅兰芳穿着长袍马褂上台时，台下再次疯狂了。谁也没有想到，刚才还是婀娜多姿，发出柔声细语的东方美女，竟然是一位英俊潇洒、风流倜傥的帅哥。台下的许多观众按捺不住心中的激动，纷纷上台向他献花，光花篮就有五十多个，梅兰芳抱着二十多束鲜花，还有人不断地往他怀里送花，结果应接不暇，拿了这个，掉了那个……

第一天晚上的演出顺利成功，但是梅兰芳一颗悬着的心仍然没有放下。因为他很明白，如果想赢得全美甚至整个西方的青睐，仅靠一场演出是不够的，最重要的是要把口碑做实，也就是要得到新闻界和剧评

梅兰芳在美国演出《刺虎》舞台照，饰贞娥，刘连荣饰"一只虎"，
两宫女为李斐叔、姚玉芙

界的首肯，在新闻界和剧评界还没有点头之前，他还不能高兴得太早。

第二天，美国纽约的各大新闻报纸都对梅兰芳前一天晚上的演出大加赞赏。《纽约世界报》上刊登的文章这样评价道："梅兰芳在舞台上出现三分钟，你就会承认他是你所见到的一位最杰出的表演艺术家之一。他集演员、歌唱家和舞蹈家于一身，而又水乳交融，你简直看不出这三种艺术相互之间存在什么界限……"《纽约晚会报》上刊登了纽约著名戏剧评论家吉尔伯特·赛尔迪斯的评论文章，他这样写道："美国观众欣赏到的是梅兰芳这位演员特殊的气质，他对身躯绝对有把握的掌握和控制能力，他那对异常敏感的眼睛和一双灵巧的手，他那完整的表演特色和他那一直深入角色的情绪……"美国著名评论员约翰·梅森·布朗也在《纽约邮报》上刊登了评论文章，他评价道："你不需要花多大功夫就能认识到梅兰芳是一位多么罕见的风格大师，他作为一名演员，天赋是多么非凡。他以变化多端的表演方式揭示他那炉火纯青的艺术，这表现在他所完成的各种手势上，表现在他用极其优美的手势摆弄行头而出现在每个新位置时纤细的手指的姿势上，表现在他运用身躯的准确性上，同时也表现在他的一切动作都显露出的美丽图案上。"

媒体的一致肯定就是最好的宣传，一夜之间，梅兰芳的名字风靡了全纽约。当时的纽约人用"来自中国最伟大的超级巨星"来称呼梅兰芳。剧场门口门庭

梅兰芳在美国演出
《天女散花》剧照，
饰天女

梅兰芳在美国表演剑舞

若市，排队买票的观众数以千计。梅兰芳两个星期的演出戏票三天就销售一空。后来姚玉芙回忆当时的情景，提到当时有一个美国老太太，很早就端着个凳子坐在售票处，开始售票后，她买了一把好票，之后就在剧院门口当起了"黄牛"，每张票的价钱可以比原票价提高两三倍。虽然当时在美国卖"黄牛票"没有人管理，但是能翻这么多倍也是很少见的。

在这样的情况下，剧团不得不将原本只在纽约演出两周的计划延长。在四十九街剧院演完后，他们移师纽约国家剧院，加演三个星期，仍是场场爆满。而"梅兰芳热"也在纽约兴起，商店将京剧中华丽的行头放到橱窗里展览，梅兰芳的照片和相关明信片在商店里售卖，甚至在当时纽约中央公园所举办的第十七届世界花卉博览会上，一朵荷兰的黄色郁金香被冠以"梅兰芳花"的美称。

在纽约演出的最后一场当晚，谢幕之时有观众提出，今后可能很难再有机会看到梅兰芳的表演，是否可以让大家和梅兰芳握握手，以表达对梅兰芳的尊重和谢意。梅兰芳欣然答应，在台上摆了两张桌子，梅兰芳坐在桌子后面，观众排队从右侧上台，走到桌前与梅兰芳握手，再从左侧下台。握手活动持续了近半个小时，仍不见观众减少，仔细一看才发现，许多观众和梅兰芳握完手后，又回到队尾，转一圈又来握一次。

许多美国观众深深地被梅兰芳吸引，他们不仅看

梅兰芳在美国演出《汾河湾》剧照，饰柳迎春，
王少亭饰薛仁贵

懂了剧情，而且深陷其中，有一位美国大妈和梅兰芳说道："你生得这样好看，薛仁贵一定非常爱你，他在赔礼道歉的时候，就是你多一会儿不理他，他也会想法子来安慰你，所以你往后不要轻易地就回心转意原谅了他，应该多难难他才是。"还有一位美国老太太在看完《打渔杀家》后很担心萧桂英后来的遭遇，亲自跑到后台来问萧桂英后来到底跑到哪里去了。当被告知后来萧桂英来到一个城市，遇到了自己的心上人——也是一位勇敢英俊的少年英雄，两人结婚了并生活美满后，老太太才心满意足地离开。

纽约有一位沃弗兰女士，是当地交际圈里的重要人物。她连续观看了梅兰芳十六场演出，还没看够，又托人帮忙，在后台与梅兰芳见了一面。之后，她又

二、"吐蕊"——梅兰芳在美国

梅兰芳在美国演出《虹霓关》剧照，饰东方氏

梅兰芳表演《霸王别姬》
的剑舞

亲自邀请梅兰芳到她家做客。去她家那天正好是梅兰芳三十六岁的生日,沃弗兰女士亲自在她家的花园里种下三十六棵梅树,并请梅兰芳破土,那片梅树林也被称为"梅兰芳花园"。

结束了在纽约五个星期的演出后,梅兰芳一行于4月上旬抵达芝加哥,在公主戏院演出了两个星期;之后,他们又来到旧金山,先在提瓦力戏院试演一天,然后来到自由戏院演出了五天,接着又移至卡皮塔尔戏院演出了一周;离开旧金山后,他们转赴洛杉矶,在联音戏院演出了十二天;最后,他们来到檀香山,在美术戏院演出十二天。梅兰芳每到一地,都会受到当地政商界、艺术界、学界以及民众的热烈欢迎。

梅兰芳在旧金山演出时的戏单

102

在纽约演出期间，当地的美术界和戏剧界纷纷召开茶话会欢迎梅兰芳，在李斐叔所编写的《梅兰芳访美日记》中，详细地记载了梅兰芳在美国每一天的行程。可以说，梅兰芳在美国基本上没有空闲的时间，除了演出，就是被邀请去参加欢迎宴会，要不然就是被邀请去欣赏西方戏剧。在梅兰芳到达纽约的第二天，纽约大戏剧家贝拉斯考就主动联系梅兰芳。因为他当时抱病在身，所以未能亲自观看梅兰芳在纽约的前几场演出，在梅兰芳即将离开纽约前，贝拉斯考拖着病体前来看戏，并且亲自到后台问候梅兰芳，邀请梅兰芳到他家做客。贝拉斯考非常看重梅兰芳的身段和手势，同时，他又向梅兰芳介绍了各种舞台设置的相关知识。当时，美国的一位戏剧导演卡瓦尔对舞台的舞美和灯光颇有研究，当他听说梅兰芳一行没有准

梅兰芳与美国著名戏剧家贝拉斯考在纽约合影，
后立者（右起）：齐如山、张彭春、黄子美

梅兰芳在纽约与著名戏剧家贝拉斯考合影

备灯光，便主动请缨，在详细了解了各场次的剧情、唱词和身段动作后，为演出一一设置了灯光效果，让梅兰芳一行人感激不尽。

梅兰芳在旧金山时，当时的市长小卢尔夫本来要外出公干，一听说梅兰芳要来，立即放下手头的事情，与警察局长、商会会长、中国领事馆和各界代表以及三班乐队赶到火车站相迎。梅兰芳下了火车，小卢尔夫市长亲自致欢迎词。之后，梅兰芳一行和各界要员分乘十几辆车，市长亲自邀请梅兰芳与他同乘一车，每辆车上都插着中美两国的国旗。车队在道路两旁群众的欢迎声中，在六辆警车的开道下，浩浩荡荡地驶离车站，向着中国大戏院驶去，当时的阵势比欢迎美

欢迎祖国巴子梅兰芳大会　　市长同坐
S. F. WELCOMES MEI LANG FANG ESCORT BY MAYOR ROLPH

梅兰芳在旧金山市市长小卢尔夫陪同下乘车出席欢迎会，
沿途受到群众夹道欢迎

三藩市市长欢迎中国梨园巨子梅兰芳
MAYOR J. ROLPH JR. WELCOMES MEI LANG FANG

梅兰芳受到旧金山市长小卢尔夫的欢迎

国总统和英国王子的阵势还要壮观。

在中国大戏院门口，高悬着两面大旗，上面写着"欢迎大艺术家梅兰芳"。在欢迎大会上，市长、总领事、商会代表都作了精彩的致辞，梅兰芳最后致谢词。隔天，梅兰芳一行到市政府回访市长。当时市长正在开市政会议，听闻梅兰芳来访，他马上终止了会议，改成梅兰芳的欢迎会，把市政厅作为会场。小卢尔夫市长请梅兰芳坐在主席台上，并请他作演说。梅兰芳当时即兴发挥的话语都被翻译成英文，作为档案永远保存在旧金山市政府的档案馆中。

拥有会员五千人的旧金山妇女会派了五位代表对梅兰芳的到来表示欢迎。她们对梅兰芳说："旧金山的裁缝这些日子太忙了！""为什么呢？"梅兰芳等人问，答曰："因为听说梅兰芳要到这里来演戏，有许多妇女都想穿特制的时髦衣服去看戏，所以裁缝特别忙。这真是从来没有的现象。"

妇女们热衷于看梅兰芳的戏，自然是因为梅兰芳在舞台上饰演的各种中国妇女形象深深打动了她们，使她们看到了与她们印象中不一样的中国妇女。正如4月25日，加州全省妇女会主席在公请梅兰芳的茶会上所说："从前常听说：'中国女子不做什么事，整天只是在家里伺候她的丈夫，倚靠她的丈夫生活。'谁知现在一看梅先生的戏，才知中国女子，并不像人们传说的那样无能！原来有本领、有道德的极多！比如《汾河湾》的柳迎春，是那样苦苦地守节，等候着她的丈夫。《刺虎》里的费贞娥，是那样忠烈，那样有计谋，来替君父报仇。《木兰从军》里的花木兰是那样有本领、有勇气，以一个小小年纪的女子，竟能大战沙场，竟能支配一国的胜负，真令人钦佩爱慕！《打渔杀家》里的萧桂英是那样孝顺、勇敢，帮着她的父亲办事，还尽力服侍安慰他。《廉锦枫》里的廉锦枫这个女子，又是那样的孝，竟敢身入深海，替母亲摸参。只看了这短短的几天戏，就知道许多有道德、有本领又可爱的女子，连我们看戏的都爱极了她们，恨不得立刻和她们见一面才好。由此可知从前所听的话，都是不实在的，所以我们非常感谢梅先生。"

梅兰芳没想到因为他的表演而使美国人了解了中

旧金山商会会长赠送梅兰芳银质纪念牌

国妇女，这使他感到意外。或许可以这样说：他此次
赴美演出的意义不仅在于将京剧艺术引向世界，更使
美国人重新认识了古老的中国。

旧金山的商会开了一个极大的欢迎会，正会长因有公事不在旧金山。一直等梅兰芳到洛杉矶后，他才回来。为表示歉意，他同前任会长特带着徽章赶到洛杉矶，代表全体会员赠给梅兰芳一枚非常精致的银质纪念牌，令梅兰芳感动不已。在洛杉矶演出期间，5月27日，前任总统威尔逊的女婿、曾任财政总长的麦克杜与梅兰芳亲切交谈，并将一套美国各届总统的铜制纪念章共二十四枚赠给梅兰芳以作纪念。

在到达檀香山后，梅兰芳一行参加了由当地总督育德召开的欢迎会，邀请了一百余位当地的重要人物，在当时实属罕见。檀香山有一个土著歌舞会，是由政府特别提倡组织的，为的是保护当地的土著文化。凡是有外国人来檀香山，都要观看这有着特别风

美国檀香山总督（左八）欢迎梅兰芳（左六）时的合影，齐如山（左十）、张彭春（左四）、黄子美（左五）亦参加

味的歌舞。梅兰芳一行抵达的第二天，就被请去观看。按照歌舞会的规矩，凡是来看歌舞的宾客都要与会里的舞女共舞，各人可以随意动作，与梅兰芳共舞的是会中推荐的一位美女。在舞蹈之后，会中一位女会员用土著语言创作了一首"欢祝梅兰芳成功歌"，并当众歌舞了一回。梅兰芳离开檀香山那天，全体会员将梅兰芳送到船上，为梅兰芳套上了各色的花环，并载歌载舞，用特别创作的"欢祝梅兰芳成功歌"欢送。梅兰芳一行所乘坐的轮船在歌舞声中渐渐远去。

梅兰芳访美期间，美国的电影界也以特有的方式表示了对梅兰芳的欢迎。在到达纽约的第二天，梅兰芳就接受了派拉蒙电影公司驻纽约代表的邀请，参观了派拉蒙电影公司。当时公司代表原本想邀请梅兰芳

梅兰芳在檀香山演出时，歌舞演员上台献花，旁有张彭春、齐如山等

拍几部片子，但是因为梅兰芳日程排得很满，再加上机器设备不及好莱坞总公司，所以只能作罢。但他们还是在征得梅兰芳的同意后，将摄影器材运到剧场，为梅兰芳拍摄了《刺虎》中贞娥向虎将军敬酒的片

梅兰芳在美国檀香山演出后，呼拉舞演员上台献花

段，这也是梅兰芳首次拍摄有声影片。

当时中国的电影市场完全被美国电影所垄断，所以梅兰芳人还在美国，《刺虎》片段就已经在北京

真光电影院里放映了。报纸上还在显著的位置做了预告，并且附上了照片。这是首部由中国演员出演的有声影片在国内放映，因此虽然该片只有短短几分钟，而且是以夹片的形式放在正片前播放，但还是吸引了大量的观众。

梅兰芳一行在赴美之前本来就计划到好莱坞拍摄一些电影，而且，梅兰芳本人也对美国电影非常感兴趣，所以在中国时，他就神交了一些外国电影中的明星。当时美国最受欢迎的电影明星道格拉斯·范朋克和他的妻子玛丽·璧克馥曾经于1929年游历中国上海。当时，远在北平的梅兰芳闻讯后立即打电报给范朋克夫妇，对他们的访华表示欢迎，并且希望他们能到北平一游，借机彼此交流艺术，但是由于范朋克夫

梅兰芳与美国默片影后玛丽·璧克馥

梅兰芳与电影名演员黛丽娥

梅兰芳与美国影星碧西劳馥

妇的行程已定，未能赴约，他们亲自致电梅兰芳表达歉意，并且答应下次访华一定赴约。

　　他们没能在中国相遇，却在美国相聚了。早在梅兰芳一行到达旧金山的第二天，梅兰芳就接到了范朋克的电报。电报里说到希望梅兰芳到洛杉矶来时一定要到他们家中别墅小住数日，以尽地主之谊。梅兰芳觉得不好意思，因为只是在电影中看到过真人，也谈不上有什么交情，不便贸然打扰，所以谢绝了范朋克的邀请。谁知范朋克又发来一封电报，说一切都已经安排就绪，无论如何也请来见个面，家里的房子可以用来排戏，连汽车都可以供梅兰芳使用。言辞恳切，梅兰芳只好答应了下来。当时正巧范朋克要去伦敦，所以特地先安排夫人玛丽·璧克馥来全权招待。

5月12日，梅兰芳到达洛杉矶，玛丽特地派两名代表前去接站，在参加完欢迎仪式后，梅兰芳乘坐范朋克安排的汽车，在市政府警车的护送下，先到市政府拜访了市长博尔泰，之后便来到了位于圣莫尼卡的范氏别墅。别墅的名字用两人的姓和名合在一起，取名为"飞来伯别馆"这座别墅曾先后接待过诸多名人，包括英国作家毛姆、美国科学家爱因斯坦、美国棒球手巴贝罗斯等人。在当时的美国，"飞来伯别馆"甚至和白宫齐名。

梅兰芳在别馆中受到玛丽·璧克馥的细心招待，她把钥匙交给了梅兰芳和齐如山，自己住到了外面。别墅的每一个房间都精心布置过，有的新颖别致、有的古朴典雅。在饮食上，玛丽也特别叮嘱厨师每天变换花样。梅兰芳一行在这样的款待之下，顿时觉得疲劳尽释。后来由于别馆离演出的剧场实在太远，再加上梅兰芳又不好意思长期叨扰，于是梅兰芳一行随后搬进了剧场附近的比尔特莫旅馆。

在别馆居住期间，玛丽邀请梅兰芳去摄影棚观看她拍摄电影。在正式开拍前，梅兰芳近距离观看了外国电影演员的化妆，学习到了不少化妆的先进知识。在拍完戏后，玛丽又请梅兰芳参观了电影厂以及她与丈夫和卓别林合办的联艺公司。玛丽亲自为梅兰芳详细介绍了当时最新发明的录音设备，还为梅兰芳戴上了耳机，让他试听。这个场景被梅兰芳的秘书李斐叔拍摄了下来，成为相当珍贵的资料。

在玛丽·璧克馥的介绍下，梅兰芳认识了许多美国的电影人，其中有墨西哥著名演员桃乐丝·德里奥、法国著名影星摩里斯·希弗莱等，他们在一起交

梅兰芳在美国影星范朋克别墅中游泳

流艺术并结为好友。将要离开洛杉矶时，范朋克从伦敦归来，与夫人一起举办茶会欢送梅兰芳，他见到梅兰芳，第一句话就问梅兰芳是否满意玛丽的招待。梅兰芳表示非常满意，但是也颇为不好意思，不知道何时才有机会报答范氏夫妇的盛情。而范朋克听到此言，笑着回答道，这个机会也许不会太远。之后，范朋克邀请梅兰芳去花园里打高尔夫球，梅兰芳非常开心，还专门拍摄了电影片段。在离开洛杉矶那天，范氏夫妇二人亲自到码头送行。梅兰芳盛情邀请他们一定要到北平做客，也让他尽一下地主之谊。果然，一年之后，梅兰芳在家中接待了范朋克。

当时，在美国影坛还有一位重要人物与范氏夫妇齐名，那便是著名的默片电影演员查理·卓别林。梅兰芳在到达洛杉矶的当晚，应剧场经理的邀请参加一个酒会。这个酒会邀请了许多文艺界的知名人士，其中就有大明星卓别林。那天晚上，梅兰芳身着蓝缎团花长袍、黑缎马褂，一走进会场，音乐顿时停止，喇叭里传来声音"东方的艺术家梅兰芳先生降临敝地，大家热烈欢迎！"顿时掌声响起。梅兰芳刚刚入座，就看迎面走来一人，似曾相识。此人穿着深色西服，身材匀称，神采奕奕，举止大方。这时经理走过来向梅兰芳介绍："这位就是卓别林先生。"又对卓别林介绍："这位就是梅兰芳先生。"

梅兰芳赶紧站起身来伸手与卓别林紧紧相握，还未来及开口，只听卓别林说道："您的大名我早有耳闻，今日真是幸会。想不到您这么年轻，就享此大

梅兰芳（左四）在好莱坞与影星卓别林（左二）及
三大戏院经理合影

名，真是让人羡慕。"梅兰芳看着面前这位风度翩翩的绅士，脑子里浮现的全是他在影片里的形象。因为卓别林在他的影片中，演的大多是底层的贫民，他那令人捧腹的滑稽扮相以及鸭子般的步态，给大众留下了深刻的印象，而他的这个舞台形象特征，也让大部分人很难将他舞台上的形象与现实的形象区别开来。

因此，梅兰芳见到卓别林说的第一句话便是："十几年前我就在银幕上看到过您，您的手杖、礼帽、小胡子和大皮鞋真有意思。刚才看到您，我简直认不出来。因为您的翩翩风度与舞台上真是判若两人！"他们二人因为都对自己的艺术有着很深厚的理解和体验，所以打开了话匣子。他们一边抿着酒，一边畅谈东西方艺术的相同与不同之处以及表演的心

梅兰芳与电影大师卓别林

得。梅兰芳向卓别林表示了他对卓别林艺术的喜爱之情。因为卓别林在无声电影中运用动作和表情来表现人物的内心活动，展现剧情，打动观众。这也正是京剧演员在舞台上所面临的课题。卓别林对梅兰芳了解并欣赏他的表演感到非常高兴，因为当时有声电影兴起，对他的默片电影造成了很大的冲击，他也向梅兰芳表示不希望默剧因为观众流失而消亡。之后，他们又聊起了京剧中的丑角，这是卓别林很关心的话题，因为丑角的表演与他的表演有着相似之处，都含有滑稽的喜剧色彩。可惜这次梅兰芳一行所演出的剧目，只有《打渔杀家》中的师爷是丑角，卓别林不免有些遗憾。梅兰芳表示希望卓别林有机会到中国访问，那时一定能看到很多丑角的表演，卓别林欣然答应。六年后，卓别林果然踏上了中国的土地，与梅兰芳再次相逢，把酒言欢。

在好莱坞，许多电影公司都邀请梅兰芳前去参观，像米高梅、二十世纪福克斯、华纳兄弟、派拉蒙等。这些电影公司至今仍然是电影界的翘楚。每家公司都对梅兰芳非常热情，公司内上到经理，下到工作人员以及演员，都热情地招待他，并且耐心地进行介绍。每当梅兰芳演出时，各公司的经理领导们不但亲自去剧场观看，而且还要求工作人员和演员前往观看。在他们看来，梅兰芳的京剧对于当时的电影有借鉴作用。因为当时美国电影正在从默片向有声片过渡，所以京剧中所安排的恰到好处又精妙的唱念做打，对于有声片的对白、表情、歌舞的组织安排有很大的启示。当时有导演对梅兰芳提道："现在有声电影的趋势，有很多地方变得很像中国戏了。"

其他艺术界的人士也对梅兰芳充满了崇敬之情。当时有一位罗马尼亚籍的画家，曾为好几国的君主、皇后画过像。而他不轻易为人作画，即使画也要最少收取500美元。梅兰芳在纽约演出时，正巧这位画家在纽约开画展。当听到各界都在传颂梅兰芳时，他也忍不住去剧场看了两回，一下子就被梅兰芳所震撼。他主动提出为梅兰芳画一幅全身像，并且分文不取。梅兰芳欣然应允。这位画家画了一幅梅兰芳在《刺虎》中扮演的贞娥的画像。之后梅兰芳去芝加哥演出，这幅画像就放在一家美术馆的门口，引来不少围观者。当时还有一位著名的雕塑家，主动提出为梅兰芳塑像，最后也是分文未取，据说这座雕像后来被陈列在

美国雕塑家恩斯特·杜立格和克洛·杜立格在为梅兰芳塑像

意大利艺术博物馆。洛杉矶的一位雕塑家还用石膏塑模的方式，为梅兰芳的手留下了石膏模型。

美国的学界对梅兰芳也是尊崇有加，他们的支持对梅兰芳访美的最终成功也起到了积极的推动作用。当时，被齐如山称为"大文豪"的斯塔克·杨亲自到梅兰芳的下榻处与梅兰芳亲切会谈，并且特地撰写了《梅兰芳》一文以及一些评论文章。在文章中，他潜移默化地表达了对于梅兰芳此次访美动机的评价论调，那就是梅兰芳不是来美国淘金的，而是作为艺术大使来交流中美文化的。梅兰芳自己也曾在演讲中多次表示，他来美国的目的，是要吸取新大陆的新文化，是求学的性质，完全是学生的姿态。他的这种自谦的态度，也受到了各地学者们的欢迎。

纽约的"万国学生会"是一个各国留学生自发组织的协会。该会有一所能够容纳两千人的大剧场，用来给学生们平时开展活动。梅兰芳在纽约时，万国学生会特地召开了由全体会员参加的欢迎梅兰芳大会，他们邀请梅兰芳参观剧场，同时又请梅兰芳发表演说。梅兰芳再次重申了他来美国的目的是为了求学，为了吸收西方新文化，学生们对梅兰芳报以热烈的掌声。

哥伦比亚大学教授公会成员，大学教授、导演、建筑家卑尔格得博士，光学家威尔佛雷德，大学教授杜威博士等还分别或以茶会方式，或以请客吃饭的方式邀请梅兰芳参加欢迎会或座谈会。在芝加哥全体教授公请茶会上，一位教授对梅兰芳说："芝加哥一埠，本算是内地，与纽约海口的地势不同，所以风俗习惯也稍有分别。本地居民看见的外国戏较少，见过中国戏的人更是寥寥无几，这次梅先生来表演，使本地人得看中国极高超的文化，大家非常感激，并且本地人也极能领略戏里的意味，同声赞美，足见这次梅先生沟通文化的成功。
我们真该为中美两国国民庆幸，代表两国国民向梅先生
道谢！"旧金山大学校长在请梅兰芳吃午饭时说："梅
先生这次到美国来，用自己极高深的学问和技能，表演
中国极高尚的美术，使美国国民得以瞻仰东方的优美文
化，大家都快乐得了不得！比如昨天晚上有许多学生去
看梅先生表演《春香闹学》，回来非常满意、高兴，
滔滔不绝地评论剧情的有趣，梅先生表情的活泼。我对
他们说：你们不但要快乐，并且极应该感谢梅先生呢！不
然，哪里有这样优美的戏剧给你们看！"梅兰芳听罢，
开玩笑道："学生看了《春香闹学》，恐怕于学风有
碍吧！"校长说："这里学生扰乱的情形，恐怕比春香
还要厉害呢！"校长的幽默惹得梅兰芳和在座的教授们
大笑不止。除了茶会、宴请，夏威夷大学校长还请梅兰

梅兰芳在洛杉矶与博物院院长面谈

芳参观了学校图书馆,芝加哥美术博物院院长乐佛尔请他参观博物院的收藏。

最让梅兰芳激动的,是他被洛杉矶波莫纳学院和南加州大学分别授予文学博士头衔。这两个博士头衔并不是虚名,而是这两所大学在充分了解到梅兰芳的高超技艺和为中美两国文化交流所作出的贡献和造成的影响后,非常审慎地作出的决定。这两个博士学位不仅是对梅兰芳个人的奖励,更是对中国京剧的褒扬。

梅兰芳在5月中旬抵达洛杉矶时,波莫纳学院的院长晏文士博士在全校董事会议上,提出鉴于梅兰芳的艺术成就,授予梅兰芳文学博士荣誉学位。他的提议立即得到了大家的赞同,学位定于6月16日在举行

梅兰芳与美国波莫纳学院院长晏文士

美国波莫纳学院授予梅兰芳的荣誉文学博士证书

美国南加州大学授予梅兰芳的荣誉文学博士证书

学生毕业典礼时颁发。晏文士院长随后让自己的学生司徒宽把这个好消息告诉了齐如山，齐如山当即就同意了。但是当征求梅兰芳的意见时，梅兰芳却说道："贵校的美意，我感激不尽，但是我实在不敢当。"晏文士当然知道梅兰芳谢绝是因为谦虚，所以他再次向梅兰芳说明了此举的原因："您这次访美演出，宣传东方艺术，联络美中人民之间的感情，沟通世界文化，这样伟大的功绩几十年来还没有过，所以本校才决定把这个荣衔赠给您。您不敢当，谁敢当呢？"听到这番话，梅兰芳也不好意思再推辞了。

梅兰芳因为合约在身，6月16日必须赶到檀香山演出，因此不能如期参加典礼。而波莫纳学院又有规定，如果本人不到场，就不便授予学位。所以晏文士想到了一个变通的办法，因为十几年前，英国工党首相访美，某大学就是提前开了特别大会授予他荣衔的，所以这次波莫纳学院也破例将授衔时间提前到5月28日。

当日下午两点，梅兰芳在波莫纳学院院长室换好博士礼服。然后由堪尼斯·邓肯博士和徐璋博士陪伴来到礼堂。波莫纳学院师生和来宾共约千余人已端坐礼堂。梅兰芳、院长晏文士、邓肯博士、徐璋博士坐在主席台第一排座位上，第二排座位坐的是学院校董和部分教授。

会议开始，先由院长致开会词，然后奏乐，着学士服的两百多名学生齐唱庆贺歌。歌毕，卢瑟·弗里曼博士代表全体教授演讲,题目是《青年人之义务及责任》。演讲结尾时,他说:"现在从中国来了一位青年,很值得我们学习。他是谁呢?就是梅兰芳先生。我第一次所看的梅先生的戏是《春香闹学》,见他滑稽活泼的样子,笑得合不拢嘴。可是过后到后台一见,却见他满面静穆。他待人又很谦恭和善,不愧为大艺术家风范。他虽然名传世界,见了年长的人仍然毕恭毕敬,这是我美国青年最缺乏的道德,所以我们要以他为榜样!"

接下来由邓肯致辞。他说:"兹有中国大艺术家梅兰芳先生艺术之高,世界公认,无待赘述。但人只知其为大艺术家,而不知他也是一位大文学家。梅先生除了演剧,更竭力于戏剧的理论,研究剧学二十余年,创作很多,贡献于社会者亦极多,家中藏书甚富,关于戏剧图书尤多。梅先生不但有功于艺术,且有功于社会,更有功于世界,兹特介绍于校长之前,请校长赠予梅先生文学博士荣衔。梅先生对于社会的贡献与校中赠予荣衔的规章完全相符合!"

说完,晏文士院长与梅兰芳起立。晏文士说道:"邓肯博士所言,君之贡献社会之成绩,本校长早有所闻,兹代表本教授公会,赠君文学博士荣衔。"接着,他将证书赠予梅兰芳,又有两位博士将博士带戴到梅兰芳的肩上。全场报以热烈的掌声。

身穿博士服,肩披博士带的梅兰芳此时也非常激动,他定了定神,开始致答谢词:

梅兰芳参加美国波莫纳学院同学会的欢迎会，与该院教授
在宴会上合影

校长先生，校董诸公，教授公会诸公，各同学，各来宾!

兰芳今日得蒙奖授荣衔，非常感谢诸公!此举是表现对于我们中国人最笃厚的国际友谊!兰芳不过是微末的，个人游历贵邦，是要吸收新文化的，随带表演自己一点艺术，借博贵国学者之批评。游历将完，细心体验，知道果然能够得到诸公对于我们民族，益加理解和同情，这不啻是我们的艺术成功，乃是贵国人士的好感，能够明了我们这次游历的意旨。

从广大的意义上言之，我们此来是要尽我们微小的力量，促进文明人类最恳切希望的和平。按照历史的例证说来，真和平是不能够从武力上得来的。人类希望的和平，不是暴乱后的平静，真的和平是要从精神理智与物质里面增进人类的发展和生长。要维持世界的真和平，人类是要互相了解、互相原谅和同情，是要互相扶助的，不是要互相争斗的。我们中美两大民族，希望的人类和平是根据国际的信用和好感；要达到这个目的，需要大家从艺术和科学上有具体的研究；要明了彼此的习惯、历史的背景，及彼此的问题和困难。

兰芳此次来研究贵邦的戏剧艺术，荷蒙贵邦人士如此厚待，获益极多。兰芳所表演系中国古代的戏剧，个人艺术很不完备，幸蒙诸公赞许，不胜愧怍。但兰芳深知诸公此举，不是专奖励兰芳个人的技术，乃是表现对中国文化的同情，表现对中国民族的友谊。如此，兰芳才敢承受此等真大的荣誉，以后当益加勉力，才当得起波莫纳学院家庭的一分子，不负诸公的奖励!"

梅兰芳的这篇讲稿虽然是张彭春起草的，但是也表达了梅兰芳的心声。晏文士院长盛赞梅兰芳的致谢词意义非常之大，是该大学赠予荣衔以来最好的一次演说。梅兰芳用中文演说完毕后，由梅其驹用英文翻译复述，全场掌声雷动达数分钟之久。

几天后，梅兰芳又来到南加州大学，接受了由该校颁发的文学博士学位。那天正好是该校成立五十周年，与梅兰芳同时接受博士学位头衔的有五六十人，还有数百学生接受毕业文凭。参加典礼的共有三千余人，仪式十分隆重，气氛热烈。特别是当校长把证书颁发给梅兰芳时，台下的掌声更是经久不息……

梅兰芳博士持学位
证书照

三、"挥芬"——梅兰芳访美的影响

梅兰芳这一次赴美演出,历时半年,先后访问了西雅图、纽约、芝加哥、华盛顿、旧金山、洛杉矶、檀香山等城市,共演出七十多场,大多数满座,其余上座率也有七八成,可见其盛况。他与美国各界的文化交流更是频繁。因此,有美国观众说:"梅兰芳这次演出是1930年美国'戏剧季'的最高峰,也是自意大利著名演员爱丽奥诺拉·杜丝的演出、莫斯科艺术剧院演出契诃夫戏剧以来,任何一个'戏剧季'的最高峰。"所以

梅兰芳在纽约出席各界人士的欢迎宴会

说，梅兰芳的这次访美取得了巨大的成功。

论及原因，梅兰芳的秘书许姬传在他所撰写的《梅兰芳访美散记》中，引用了张彭春概括的几点：第一，梅兰芳卓越的表演艺术迷住了美国的观众，美国文艺界有些人为了研究中国戏剧的组织和简练的表现手法以及舞台的调度，接连看了好几场戏。第二，梅剧团赴美前作了相当充分的准备。第三，美国报刊发表了大量评介文章，进行了热情的宣传。美

梅兰芳在洛杉矶举行宴会（梅左侧为前美国财政部长麦克杜，
梅右侧为张彭春）

国著名戏剧评论家斯塔克·杨正是抱着研究中国古典戏剧的愿望，梅剧团在剧场排练时，他来观看，演出前，他撰文在报纸上介绍中国戏的特点，演出后，他又写长文多次热情评论梅剧团的演出，使美国观众对中国戏有了初步认识，激起他们观看中国戏的兴趣。最后一点，美国有个风气，外国来的艺术表演团体，只要在纽约打响第一炮，就算立定了脚跟。梅剧团在纽约第一场就轰动了，为中国京剧赢得了声誉，赢得了观众。

对于当时的美国戏剧界来说，随着欧洲及苏联戏剧反现实主义新思想的孕育与发展，美国戏剧界也通过梅兰芳所代表的中国戏曲，发现了19世纪长期占有统治地位的现实主义戏剧中的一些突出的亮点和特征。中西戏剧之间的"巨大的差异"，正是美国的戏剧评论家们对于梅兰芳表演的评论焦点所在。约翰·麦森·布朗注意到，梅兰芳将"中国戏曲的精华"带到美国，面临着不可逾越的困难。布朗认为他所带来的"精华"要比平凡乏味的现实主义戏剧更加充满活力、新奇而美观。布鲁克斯·阿特金森在为纽约《时代周刊》所撰写的赞扬梅兰芳精致优美的动作舞蹈和服装的文章中指出，梅兰芳的艺术之所以能够超越西方现实主义戏剧，主要就是因为梅兰芳的艺术能够很好地调动观众的想象力，阿特金森强调了纯正的中国戏曲与追求写实的西方戏剧的最根本的差异就是其"借助想象的力量的最原始的本质"。他承认，"就连我们最为极端的象征化的实验戏剧都没有能够让我们完全远离最为纯正的中国戏曲艺术。"因此，阿特金森对西方戏剧强烈地嘲讽道："看起来停滞不前的中国戏曲，以及看起来原始幼稚的表演动作实际上要比一般认为现代和先进的现实主义戏剧，甚至是超现代主义的西方实验戏剧更加现代和先进。"

斯塔克·杨在看完梅兰芳的演出后，开始就如同照片般的现实主义戏剧和非现实主义的中国戏曲向公众提出了质疑："哪一种戏剧表现形式更加成熟呢，是让演员把一匹真马牵到舞台上，还是让演员运用装饰性的马鞭来继续进行虚拟骑马的动作和表演呢？"

DINNER TENDERED BY
MEI LAN·FANG
TO SPONSORS AND FRIENDS
FIRST AMERICAN TOUR
HOTEL AMBASSADOR   MARCH

DRUCKER & BALTES
NEW YORK
480·30

梅兰芳在纽约设宴答谢各界人士的场面

在杨看来，中国戏曲毫无疑问是更加优秀的。他用梅兰芳表演的《刺虎》举例说明了这一点："我当时激动得浑身颤抖，因为我感受到了比看到任何逼真的死亡的恐怖场景更加强烈的震撼，这种模糊的感觉更加让人感到兴奋。" 针对梅兰芳的艺术与西方写实的现实主义戏剧对立的问题，杨指出，那些认为中国戏曲完全是反现实主义，全部是程式化、虚拟化特点的论调实际上是一种误导，这间接地误导人们认为中国戏曲是一成不变、没有任何创新的戏剧艺术形式。他指出梅兰芳的动作和姿态精准地还原了现实。根据杨的观点，正因为梅兰芳进行了众多的灵活性的创造，他的艺术要比西方现实主义戏剧更加自由，冲脱了中国传统戏剧的定式。同时，杨指出，人们对于理想中的美丽和谐的最终感受，如同一个有机的整体般弥漫和统一在梅兰芳的表演当中，梅兰芳所描绘出的"内心的真实"已经超越了表面上看似真实的写实的现实主义本身，这也使他摆脱了现实主义的束缚。这种双重的灵活性（或者说是自主性）从梅兰芳对于中国戏曲的创造和革新上就能获得很好的证明。

关于梅兰芳男扮女装的男旦表演艺术的评论，是争议的焦点所在。梅兰芳被他的追随者和支持者们称为中国演员之王，就是因为他男扮女装的超凡艺术；而那些中伤诽谤梅兰芳的人，也把矛头指向梅兰芳的男扮女装。他作为将中国国家戏曲艺术和中国传统文化有组织、有规模地带到国外的第一人而受到称赞，同时，他也因为将中国的社会和文化中并不光荣甚至是羞耻的糟粕带到国外而备受指责。作为当时中国合理合法的文化和社会的争论话题，关于梅兰芳男扮女装的议论并没有影响到美国人接受梅兰芳的态度。但是，这些评论严重影响了梅兰芳和他的团队，让他们开始担忧美国观众和评论家们会怎么看待梅兰芳的表演，以及如何认识中国的戏曲艺术。

为了让美国观众更好地理解和欣赏梅兰芳的男扮女装的男旦艺术，以及

Dinner tendered by
MEI LAN - FANG
he sponsors of his San Francisco visit
May Ninth, Nineteen Thirty
Fairmont Hotel

梅兰芳在旧金山设宴答谢各界人士

梅兰芳与我国驻美使馆人员合影

消除他们对此的不良反应，在美国演出的节目单中，专门加入了介绍中国戏曲传统中关于男旦艺术的合理性和传承性的短文。主持人杨秀女士每天晚上都会向观众介绍，梅兰芳的男旦表演不像西方戏剧里的男扮女装，梅兰芳不是简单地模仿女性，而是去展现"一位理想中的女性的缩影"，去展现"东方的理想女性"的象征。在梅兰芳的演出结束之后，美国的评论家几乎一致地对梅兰芳男扮女装的男旦艺术给予了赞扬。他们对于梅兰芳在舞台上将自己转变成女性角色的超凡能力感到惊奇。其中一位评论家这样评论道："他对女性特点的把握非常完整和普遍，让人很难相信他是个男人。"同时，他们一致认同梅兰芳是当时最伟大的演员之一，并且会成为历史上最伟大的演员，他的男旦艺术代表了中国戏曲的最高成就。其中

梅兰芳在美国与各地歌舞演员合影

一位评论家评论梅兰芳"打破了西方戏剧对男扮女装的歧视与偏见"。这些评论宣称梅兰芳的艺术集象征性、表现性、体验性于一身，表现出了女性最本质的特征，是女性特征的升华，"比女人还要女人"，体现了中国人对于女性永恒的审美观，是东方理想女性的化身。甚至有一位对传统戏剧中男扮女装的异装癖表示公开反对和鄙视的虔诚的宗教和哲学信徒，也在文章中称赞梅兰芳是他在戏剧舞台上看到的"最美的演员"，他指出"这位中国演员将女性最不朽的特征用表演展现出来。这一切都是那样的柔弱、善变、可爱而又无法超越"。当时美国大多数评论家的观点都认为梅兰芳的艺术代表了精炼和美化了的艺术形式，这种非现实主义和非历史主义的最现代的艺术展现了最本质的、最普遍的和最不朽的女性特征，已经完全

梅兰芳与美国艺术界人士

超越了女演员所创造出的成就。

梅兰芳在舞台上所展现的艺术化的肢体语言所体现的优点和长处，与西方现实主义的表演形成了鲜明对比。一位评论家指出："梅兰芳在动作、舞蹈、表情上都达到了表演的极致。"他提到："他一个手腕的转动，水袖的轻舞，以及眼神的变化所表达出的意思和内涵，要比现代我们的戏剧演员演一晚上戏所表达的内容还要多。"罗伯特·利特尔认为，西方戏剧仍然是以说话对白作为基础，失去了语言，西方演员的表演（动作、手势、身段、组织）则会贫乏无力，没有任何发展的余地，几乎什么都没有。而梅兰芳那近乎神奇的手势和身姿非常具有图片感，而且每一个姿势都具有意义和内涵。他指出西方的戏剧音乐、动作和语言没有完全地结合，即使是歌剧也是这样，而在中国的戏曲中，表演、舞蹈和歌唱已经三位一体，非常恰当和自然地融合在一起，它们之间没有任何的屏障。梅兰芳作为中国戏曲界最为杰出的演员，既是一位表演家，同时又是一位舞蹈家和歌唱家。在观看了梅兰芳的演出一年之后，梅兰芳那优美而独特的姿态和表演仍然流连在斯塔克·杨的心中，他宣称，纵观美国的戏剧演员界，还没有一个人能够像梅兰芳那样合理和优美地运用自己的身体姿态语言而获得称赞。杨认为，梅兰芳的艺术是音乐、唱腔、对白、文本和舞蹈融合在一起的结晶，整体充满了诗意，惊人地将时间、音调、感情的节奏以及身体的动作结合在一起。中国戏曲艺术最纯粹的地方就是将一切都融合在一起，包括面部表情、声音、动作、言语、剧情、场景等，都依附于艺术本身所要表达的意图之上，这样的结果就会使整个剧目达到一种完整而理想的状态，在每一个点上都不会有任何偏差。

梅兰芳的美国之行在中国产生了巨大的反响。与梅兰芳在美国受到热烈欢迎的反响不同，中国对于梅兰芳成功访美的反应并不是一致的赞赏与认同，中国人对于梅兰芳在美国所获得的成就很难达成共识。赞扬者和支持者们称赞梅兰芳是国家的英雄，称赞他为宣扬和传播中国的戏剧、文化以及文明作出了令人骄傲的贡献，为中国在世界赢得了国际声誉。而反对者和批评者们对他进行了强烈的指责，甚至有人谴责他是中国的罪人，让中国在世界人民面前出丑。

梅兰芳所乘轮船抵达码头时，在船上向欢迎人员招手

　　在梅兰芳访美的过程中，包括上海伶界联合会的官方出版物《梨园公报》在内的中国的报纸和杂志，争相报道梅兰芳访美的新闻、报道及评论，发表梅兰芳在美国演出和参加社会活动的图片与文章，里面还包括了斯塔克·杨、布鲁克斯·阿特金森和其他评论家撰写评论的译文。《时事新报》刊登了阿特金森的评论《艺术大使梅兰芳》的全部译文，报纸的主编亲自评论，赞美梅兰芳以"无畏的精神"跨过大洋，将中国艺术带到美国，获得了外国人高度的称赞与热烈的掌声，为中国的艺术在世界获得了"无限的光荣"。中国的报纸也报道了梅兰芳在百老汇与同期到达的日本剧团竞争，获得了巨大的成功。文章中还引用了美国评论家的观点：梅兰芳代表了中国戏剧，代表了亚洲文化，世界上任何其他的剧种都无人能出其右。

在梅兰芳即将载誉归来之时，上海的商界、新闻界以及戏剧界积极筹办大型庆典。当轮船驶入上海港口后，来自各个行业的顶尖人物超过五百人聚集在港口，迎接梅兰芳的归来。伶界联合会举办了大型的庆祝活动，超过四十位演员参加了此次庆典。在上海大同乐会所举办的欢迎会上，中国社交界的领袖、梅兰芳长期的支持者李石曾称赞梅兰芳此次访美是"中国戏剧界的一次胜利"，同时也是"东西方文化交流的一次胜利"。他

梅兰芳由美归来到达上海码头时受到群众欢迎的情景

指出梅兰芳的归来"将为中国古老的戏剧带来新鲜的血液"。梅兰芳的崇拜者和支持者们认为梅兰芳的成功不仅是对梅兰芳自身艺术地位的一次提升，更是中国人的一次伟大的荣誉，向世界证明了中国戏剧的价值。因此，梅兰芳的支持者们声称，因为梅兰芳访美的成功，使得中国的戏剧，尤其是京剧，精美的艺术特征被美国人所欣赏，从而提升了自身的价值。这也证明了京剧应该且可以在世界戏剧界具有重要地位，中国戏剧具有"世界性的价值"。梅兰芳的支持者们认为，梅兰芳圆了谭鑫培想要实现却又没有实现的梦想，因为谭鑫培曾受到美国的邀请，但是由于年事已高未能成行。也正因如此，梅兰芳成为中国戏剧演员中的佼佼者，这也是值得梅兰芳本人骄傲的事。

　　但是，并不是所有的中国人都像齐如山所说的那样对梅兰芳的访美成功"欢欣鼓舞"，在得知梅兰芳由于在提高美国人对中国戏曲的认知上所作出的贡献而获得美国波莫纳学院所授予的荣誉文学博士学位的消息后，左翼文学评论家邹韬奋指责美国媒体将梅兰芳称为中国的代表，是代表东方艺术的"头号演员"对于中国来说是不公正的。《大公报》的一篇社论认为，中国戏剧的问题就在于，所有的中国媒体都将焦点放在了梅兰芳成功归来上，使得公众的注意力都集中到这个事件上来，而忽视了中国当时所面对的更加重要的经济和政治问题。社论这样写道："正如中国古老的音乐已经消亡一样，京剧和其他的地方剧种所代表的现代的中国音乐也被证明是落后而低俗的，在音乐的进化中远远落后于现代的欧洲音乐，这也就意

梅兰芳归国后，在上海与冯幼伟、颜惠庆、胡适、钱新之、叶扶霄等人相聚

味着中国的音乐家和观众们的欣赏水平和品位是多么的落后与低俗。"此社论指出将中国戏剧作为中国文化艺术的代表介绍到国际音乐界就是一个错误。外国人由于梅兰芳的成功而对中国戏剧所作出的赞赏，只不过是他们对东方事物的好奇心和兴趣使然，根本就构不成中国戏剧具有很高价值的证明。而且社论还警告道，如果中国人因此就认为中国戏剧的确是有着极高的价值的话，将是非常危险的。

总体来说，梅兰芳的此次访美之行比他之前的日本之行获得了更大的成功。作为一位京剧演员，在西方的舞台上亮相需要冲破历史和文化上重重的障碍。梅兰芳的成功，一方面归功于他周密的计划和准备，另一方面要归功于美国人对于神奇的具有异国情调的中国艺术和文化的浓厚兴趣，但是最主要的还是因为梅兰芳超凡的艺术造诣，以及当时美国成熟的戏剧市场运作。美国当时的时尚界和评论界都对梅兰芳的表演抱以赞同与肯定的态度，并且对于当时的戏剧和文

梅兰芳访美归来后，1933年齐如山著《梅兰芳游美记》

化情况都有着很客观的见解与评价。梅兰芳的访美之行，无论是直接的，还是间接的，都对美国当时的戏剧界产生了不可否认的影响，帮助美国的艺术家和评论家通过了解中国戏剧艺术的特征与内涵，对当时美国的戏剧和文化进行重新审视。而梅兰芳访美成功的最直接的成果就是让梅兰芳受到了世界更多的关注。法国的《精益报》报道了梅兰芳在美国纽约取得的巨大成功，并且期待梅兰芳能够来法国进行演出，文章写道，"巴黎将在不久之后有机会为中国最著名的演员鼓掌。"文章称，"梅兰芳完全不亚于那些法国最优秀的艺术家，在戏剧作为人们精神生活最重要的组成部分的中国以及东方，梅兰芳占据着最独特和高尚的地位。"法国的戏剧电影杂志《喜剧》也报道了梅兰芳在纽约获得的成就，报道中还提到梅兰芳期待到世界各地去介绍和宣传他的艺术，其已经在远东地区产生了巨大的影响。《北洋画报》公开声明，梅兰芳的影响已经扩大到了法国。而在中国，对与梅兰芳访美的批评之声比梅兰芳访日时更加严厉和尖锐。梅兰芳在世界戏剧舞台上的形象是否能够代表中国的国家文化和特征，成为当时中国对梅兰芳艺术争论的焦点问题，这一情况在梅兰芳几年之后访苏演出时被炒得更加火热。而这也更加坚定了梅兰芳将中国京剧艺术推广到苏联及欧洲的决心。

图书在版编目（CIP）数据

梅香美名扬：梅兰芳在美国 / 梅玮编著 .—北京：知识产权出版社，2022.1

（梅兰芳艺术人生文丛 / 刘祯主编）

ISBN 978-7-5130-8015-6

Ⅰ . ①梅… Ⅱ . ①梅… Ⅲ . ①梅兰芳（1894-1961）—生平事迹 Ⅳ . ① K825.78

中国版本图书馆 CIP 数据核字（2021）第263546 号

策　　划：刘　祯　　王润贵	责任编辑：刘　嵩
装帧设计：智兴设计室·段维东	责任校对：王　岩
内文制作：智兴设计室·索晓青	责任印制：刘译文

梅香美名扬

梅兰芳在美国

梅　玮　编著

出版发行：**知识产权出版社**有限责任公司	网　址：http：// www.ipph.cn
社　　址：北京市海淀区气象路50号院	邮　编：100081
责编电话：010-82000860转8119	责编邮箱：liuhe@cnipr.com
发行电话：010-82000860转8101/8102	发行传真：010-82000893/82005070/82000270
印　　刷：天津市银博印刷集团有限公司	经　销：各大网上书店、新华书店及相关专业书店
开　　本：787mm×1092mm　1/32	印　张：6.125
版　　次：2022年1月第1版	印　次：2022年1月第1次印刷
字　　数：69千字	定　价：39.00元

ISBN 978-7-5130-8015-6